妈妈 我爱你

一米阳光童书馆
雪冰
著

北京日报出版社

序　言

妈妈，
这是写给你的信

如饮甘露，

我找到了你，

驮着晨光，归去。

如月光穿透无数次海洋，

我找到了你，

明如镜，亮如银。

我曾在云朵上望着一群群星星，

它们听得见我的祈祷，

于是洒下漫长的旅程，

帮助我实现跨越长河的心愿。

愿有一天晨光落入人间时，
有一道彩虹只为你出现，
那时，我便一眼就能看到你。

经过漫长的时光，我终于找到了你。
那一天，从梦里醒来的晨光格外灿烂，
从云霞里涌现的彩虹格外耀眼，
我望向人间，
一眼就看到了披着七彩霞光的你，
你成了我独一无二的妈妈！

目录

妈妈,

与你相拥的这一趟旅程,

它是永恒。

1

妈妈，它是永恒

妈妈，

也许你是在某个鸟儿啼鸣的清晨，

发现了我的到来。

激动又担忧的你，

站在渲染着光彩的窗前，

收到了从天外送来的无声祝愿。

从此，

你的世界披上了如梦如幻的色彩——

你听到的鸟鸣，

是云浪中涌来的歌声。

你走着的小路，

是星和光映照的倒影。

你闻到的花香，

是从天边飘来的温柔的力量。

妈妈，

你可能会在某个想起我的瞬间，

发现自己像是在柔美的霞光里做梦，

像是沐浴在日月星辰之中，

像是浮泛在时光之上。

大概是我在那遥远遥远的地方，

梦见了你好美好美的样子，

大概是我挚诚地热爱着你的一切，

于是让你的生命多了一层浪漫。

这样如梦似幻的时光，

载着我美好的祝愿——

妈妈，我知道，

你会永远用生命去托举我，

当你想到我的某个瞬间，

请打开一扇温柔的窗。

卸下疲惫和紧张，

放心灵去自由徜徉，

徜徉在飘动的时光里，

做一场忘却一切的梦。

妈妈，我的时光终于等到了你，

它曾在星空下漫无目的地遨游。

它虽有闪着光的翅膀，

却没有自己热爱的名字。

现在，

它挽着盛开的繁花而来，

想要装点你热爱的世界。

它带着温暖纯净的心灵而来，

想要倾听你心中的梦想。

它向祝福发出了光辉，

想要陪伴你走过四季的永恒。

它要张开翅膀，

与你一起，

在星光相互追逐的夜空下，

逆风飞翔。

妈妈，

人世间的时光，

就像夜空下的星光一般，

相互追逐，永不停歇。

层层叠叠的美好瞬间，

在缥缈的时空里若隐若现。

妈妈，

是你爱得疯狂，

是你爱得欢畅，

是你爱得深长，

才让我有了无限的能量，

让我能把所有美好的瞬间，

锁在那淙淙流淌的月光中。

妈妈，

与你相拥的这一趟旅程，

它是永恒。

那一片云朵，

在水中畅快地浮沉，

把天空和大海连成了一片无限的光。

2

美妙的人世间

妈妈，我在云朵上看到了美妙的人世间。

有一个春日，云朵在大海上空自在飘浮，

云朵惊奇地在水中看见了自己平凡的模样。

那 一 片 云 朵 ，

在水中畅快地浮沉，

把天空和大海连成了一片无限的光。

云朵倾听着天空呼唤，聆听着海浪潺潺，

忘记了风儿的方向，静静等待流逝的时间。

它看见了一座美丽的小岛，

那一片绿荫上有斑斓的花朵，

星星点点地，摇摆着平凡的岁月，

摇摆着它静静浮沉的模样。

夏日的旋律乘着风，点燃了平凡的岁月。

穿透森林的光线，释放着金色的能量，

淙淙流淌的小溪，倾听着水滴的愿望。

轻盈欢快的雨露，合唱着青草的光芒，

饮着日光的莲花，诉说着太阳的清香。

领略万物美好的风儿，载着爱远举高飞，

天地间，万物翩翩起舞，和鸣生长。

爱的旋律流动着、奔腾着、蔓延着，

在广阔的境界里旋转、舒展，

在热烈的情感里燃烧、循环，

那么美妙，那么令大地沉醉。

一片金色的草地上撒了些落叶，

它们三五成群地，

围绕着一棵高耸的红枫。

秋风万里吹动，几片红叶借着风儿，

不断向上攀飞，攀飞，攀飞，

它们记住了树妈妈向阳而生的模样。

它们要去太阳升起的地方，告诉太阳，

冬日里，请多为这片土地洒一些暖阳。

它们还要去寻找一些花儿的种子，

把种子和自己撒在金草地上，

待到春日，和花儿一起绽放，

当暖风吹拂时，摇曳爱的花香。

有一天，云朵遇见了冰峰林立的雪山，

最高的冰峰上，一棵红梅树正在绽放。

梅花的香气宛如空中的流水，

蕴藏着一泻千里的能量。

在用力向天空伸展的那个枝头，

一朵绽放得如火焰般的梅花，

变成了一只色彩奇异的鸟儿。

它绕着梅花飞舞、旋转，

逐渐飞远了，消失不见了，

在看不见它的遥远的天边，

它啼鸣着带有梅香的嘤调。

宛如大海里的星光，

闪烁着壮阔的光明，

又不忘自己来自何方。

我要用我骄傲的深情，

给你闪耀的力量，

陪伴你走过不平凡的生命，

陪伴你回忆不平凡的时光。

3

独特的生命

妈妈，因为寻找芬芳的你，

我看到了美妙的人世间。

我热爱人世间，

爱人世间里你的模样。

我要用我骄傲的深情，

给你闪耀的力量，

陪伴你走过不平凡的生命，

陪伴你回忆不平凡的时光。

每当一个新生命降临人间时，

天上的紫晶宫里，

都有一条大鱼一跃而起。

它们都有一双闪着金光的翅膀，

它们的鱼鳞都有着独特的色彩和形状。

它们带着生命的独特和壮阔，

从天而降。

然而，

我不会知道当我降临时，

那条大鱼的模样，

这大概是生命最神圣和浪漫的地方。

我降临时，

带着独特的色彩和形状，

逐渐地，

我会成为更独特的自己。

在茫茫的空间里，

在长长的岁月里，

我热诚地寻找和确认着自己的样子。

妈妈，

是你爱得温柔，

是你爱得灿烂，

才让那大鱼落到大海前，

欣赏到自己最美最独特的模样。

妈妈，当我成为你的宝贝的那一天，

你起身走了，去往一片深湛的沧海。

你沿着海浪行走，

寻找内心向往栖息的地方。

海面上浮泛的丁香色雾霭时而褪去，

你一跃而起时，

便看到心灵的向往。

妈妈，请你相信，

我用等待为你积攒了闪耀的能量，

在我降临那一刻，

它们全部化作天使，听从你心灵的呼唤。

智慧随时间而来时，

爱的力量盘旋而出，

你将起航前往崭新的旅途，

安心让时光流逝远方。

妈妈，

我带着无穷的力量，

纵身跃入时光不停奔涌的人世间。

在永恒的爱的洪流里，

与你一起尽情地游，

毫不在意会被风浪吹打到何方。

你大概是那浑身金红的大鱼，

在闪着粼粼清光的海面，

带着我欢腾、跳跃。

溅起的水花拍打着太阳的金光，

将闪烁的七彩光映在你的鳞片上。

你为自己欢呼，为自己高唱，

当你累了，我会找一处美丽的栖息地，

为你铺上海草，让你熟睡一场。

我们走进彼此的世界，

心灵带着万念纯粹，

与彼此相见，与自己相见。

与全新的自己相见，不再回头看。

4

我们的世界

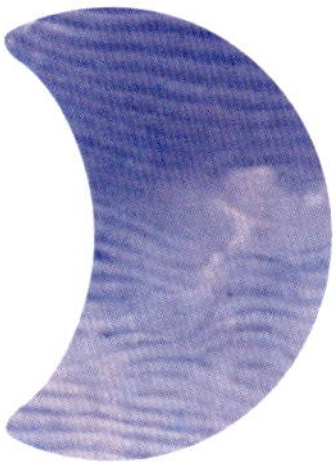

妈 妈 ， 我 曾 梦 见 ，

屋子里的灯呼呼熟睡，

我们去了梦的海洋，

成千上万的星星望着我们。

突然，乌云将它们遮住了。

你拉着我的手唱了一支歌，

乌云生怕被歌声追上，赶紧逃走了。

你说那海洋里，

盛着海水，盛着风浪，也盛着星光。

你说，

风浪一开始只是

波澜壮阔的心灵天地。

后来，心灵把许多话

埋在了宁静的地方，

当风浪站在心灵前，

忘记了自己的名字。

它忘了自己为何而来，

赶忙随便一舞而去。

妈妈，我们的世界，

是朴实无华的心灵世界，

宁静而坚定，

甜美而高贵。

我们从追求热爱的旅途中看这个世界，

从风雨过后的海面上看这个世界，

从万紫千红的梦里看这个世界，

从彼此的眼睛中看这个世界。

那是雨润万物的希望，

那是翩然起舞的时光，

那是绽放的一整个秋，

那是灿烂盛开的雪花。

我望着明亮的方向，

看 到 了 你 坚 定 的 目 光 。

从天外的天外，吹来一阵轻柔的风，

妈妈，你听……

那是星光闪动的声音，

它们在无穷的空间里跳跃，

托风儿传来轻盈的回响。

妈妈，你听……

那是花瓣上晨露滑落的声音，

它们在刹那的时光里荡漾，

托风儿传来欢快的扰攘。

妈　妈　，　你　听　……

那是我们心灵流动的声音，

它们在永恒的时空里歌唱，

托风儿将美好的祝愿传到遥远的远方。

妈妈，

当你看这些信时，

我能想象你的表情，

眉心舒展，嘴角扬起，

心灵飞去了一个辽阔的地方，

那个地方，云走得很慢很慢。

你 握 着 我 的 手 ，

缓缓地，踏实地，

向前走。

时而停下等待花儿绽放，

时而奔向远方燃烧的红霞，

我们的心灵把美好蕴藏于

明净的灵魂，

平 淡 、 宁 静 地 向 前 。

我们走进彼此的世界，

心灵带着万念纯粹，

与彼此相见，与自己相见。

与全新的自己相见，不再回头看。

你坚定的目光，

像从天外洒向世间的一抹栾华，

像铺在海面上的一道霞光，

我只要向着光明飞翔，

就能找到方向。

5

热爱你我的样子

妈妈，你可相信，

星光多走了一段旅程，

让我从遥远的地方，

看到了你的身影。

星光流入一扇明净的窗，

你抱着一个小小的孩儿，

温柔地抚平他的哭泣。

那 个 小 小 的 孩 儿 是 我 。

妈　妈　，

我不愿你是熟悉黑夜的人。

若一定要度这样的时光，

只愿你不要步履匆忙，

再像爱我一样，热爱自己。

爱得温柔，爱得欢畅，爱得深长。

妈妈，我做过许多很美很美的梦——

当我画了一个彩色的太阳时，

你说，有一天它一定会升起，

那一定是好美好美的一天。

当我把拾到的枫叶送给你时，

你说，你会将它永远珍藏，

因为它贮存着无限的能量。

当我说出我天真的愿望时，

你说，有一天它一定能实现，

那一天会照亮许多人的梦想。

当我受了委屈在你怀里哭泣时，

你说，我有一百种样子，

无论是哪一种，都是你最爱的模样。

妈妈，认识你是一件最美的事，

你就像一面镜子，里面有我的样子。

我想象，

在回家路上，

有一颗星星为我们闪烁光芒，

你牵着我的手走在夜空下，

在漾起的微风中自在欢唱，

我望着你的眼睛，

也看到了我眼中的星光。

我想象，

在前行路上，

要穿越看似绵绵不尽的万重山，

要穿越看似无穷无尽的海洋。

你坚定的目光，

像从天外洒向世间的一抹栾华，

像铺在海面上的一道霞光，

我只要向着光明飞翔，

就能找到方向。

妈妈，这一生，

我也许注定要奔向远方，

去追寻梦，去寻找热爱，

是你让我先学会了欣赏自己，

让我拥有胆量，逆风飞翔。

妈妈，这一生，

我也许注定要逆风飞翔，

去追寻梦，去寻找热爱，

是你让我先学会了热爱自己，

让我拥有力量，不惧风浪。

妈妈，这一生，

我也许注定要不惧风浪，

去热爱他人，去追逐星光，

是你让我汇聚了爱的能量，

让我拥有了宽广的心境和胸膛。

妈妈，这一生，

我也许会是一个平凡的人，

是你让我拥有了平凡生活里，

照 耀 自 己 的 那 道 光 。

一定会有一颗星星记录我们的时光，

它闪烁着温柔的光。

妈妈，我爱你，它是永恒！

6

妈妈 我爱你

妈妈，从我降生开始，

我会忘却以前的一些记忆，

但我永远永远不会忘记——我爱你。

我爱你，不仅仅因为你用生命托举我，

陪伴我在天地间逆风翱翔，

让我在五彩斑斓的世界里自在生长，

更因为你把世间的美好都带给了我。

这些美好全部来源于你。

那是你每天宠爱的目光，

那是你一次次温柔的拥抱，

那是你每一次握起我的手，

那是你每一次的开怀大笑，

那是你爱自己的模样。

妈妈，愿温柔的花香围绕你，

融化你所有的不安，

扬起你平凡的快乐，

萦绕你炙热的梦想。

当花儿凋谢殆尽时，

愿你温柔地对待自己。

妈妈，愿柔和的阳光照耀你，

为你的每一天洒满悠然的光，

为你的微笑奏响欢唱的歌。

当太阳被乌云遮住时，

愿你就是自己的光。

妈妈，愿你奔涌在人世间的洪流里时，

我就是你心中温暖的力量。

在海上的微风起来之前，

我要用花瓣为你织一双翅膀，

当微风吹来时，

看着你美丽地飞舞，

忘却时间，忘却方向。

在海上的月亮升起来之前，

我要用羽毛为你织一叶扁舟，

当月光挥洒时，

看着你静静地安睡，

忘却自己，好梦一场。

在我们离开大海之前，

我要寻找一颗七彩珍珠，

在上面刻上你的名字，

带着它逆风翱翔。

晨露在滴落之前，

曾映照着宽广浩瀚的天空。

人世间的时光尽管如晨露般，

流逝得太快太快，

但也在每一次流逝之前，

如晨露那样映照过璀璨的星河。

我们在一起的每一段光阴，

是快乐又甜蜜的扰攘，

它们滴入大地，

也向遥远的苍穹飘荡。

一定会有一颗星星记录我们的时光，

它闪烁着温柔的光。

妈妈，我爱你，它是永恒！

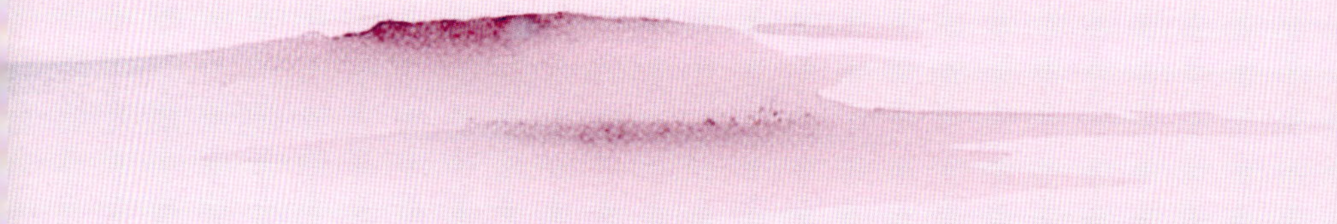

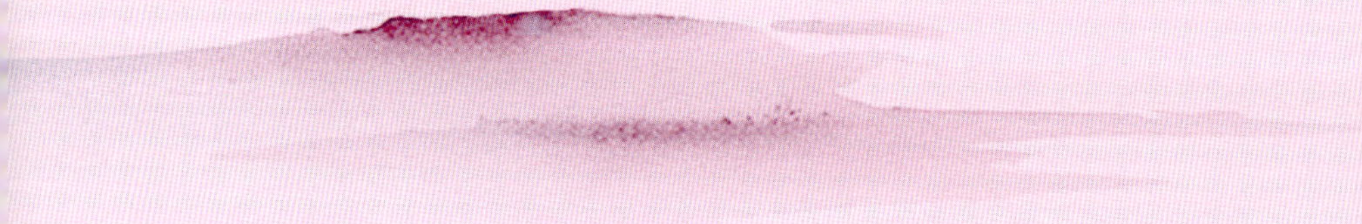

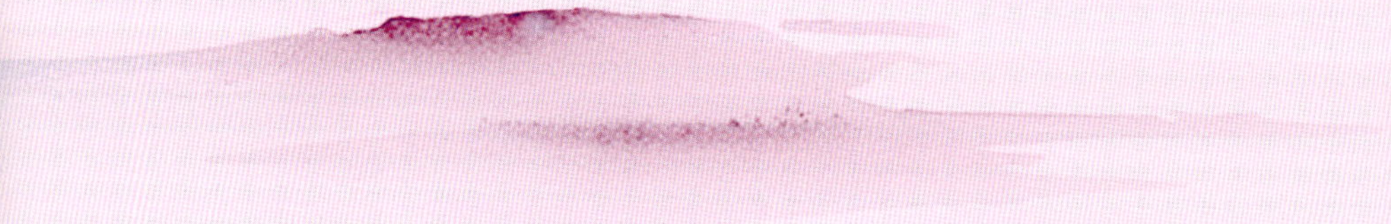

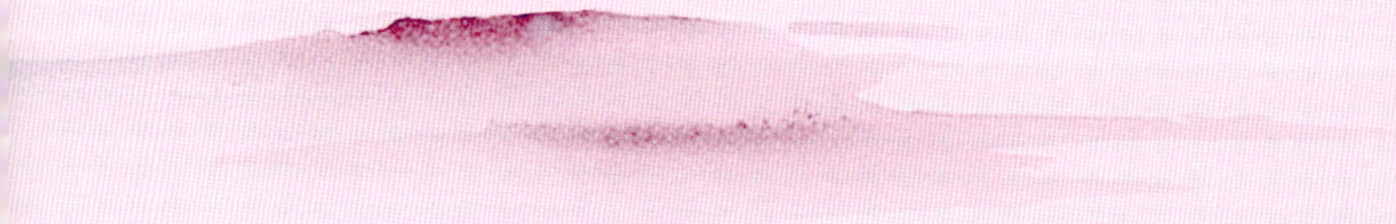

后 记

写在你的心里

妈妈，你亲爱的孩子其实不知，

他（她）的降临会不会给你带来美好，

所以只好诉说爱，想把爱装进你的心里。

或许，深深爱一个人是很痛苦的事，

但无论这样的声音如何充斥耳畔，

我知道，

你依然会是人间、天堂，

不顾一切地，给我深爱的人。

在我对你的感情世界里，

我可能会看似云淡风轻地长大，

很少把爱挂在嘴边。

但请你相信，

我早已把你的名字，

深深刻在了我的灵魂里。

妈妈，谢谢你，

你让我的时光有了名字。

我们拉着手，

以生命的烂漫绽放，回应灿烂的星光。

图书在版编目（CIP）数据

妈妈我爱你 / 一米阳光童书馆, 雪冰著. -- 北京 : 北京日报出版社, 2024.4

ISBN 978-7-5477-4916-6

Ⅰ. ①妈… Ⅱ. ①一… ②雪… Ⅲ. ①诗集－中国－当代 Ⅳ. ①I227

中国国家版本馆CIP数据核字(2024)第062842号

妈妈我爱你

出版发行：北京日报出版社
地　　址：北京市东城区东单三条8-16号东方广场东配楼四层
邮　　编：100005
电　　话：发行部：（010）65255876
　　　　　总编室：（010）65252135
印　　刷：北京盛通印刷股份有限公司
经　　销：各地新华书店
版　　次：2024年4月第1版
　　　　　2024年4月第1次印刷
开　　本：750毫米×1230毫米 1/24
印　　张：5
字　　数：35千字
定　　价：68.00元